In der gleichen Reihe erschienen:

 .... Die Ritter

Die großen Entdeckungsreisen

BRIGITTE COPPIN

Aus dem Französischen von Sabine Herting

KNESEBECK

Inhaltsverzeichnis

Einführung

► Die großen Entdeckungs-
reisen beginnen, als die
Europäer gelernt haben,
den Wind und das Meer
zu beherrschen und
Schiffe zu bauen, die sich
für die Reisen eignen:
die Karavellen.

1492

entdeckte Christoph Kolumbus Amerika. Damit begann das Jahrhundert wagemutiger Erkundungsreisen auf den Meeren der Welt. Bereits hundert Jahre später, um 1600, hatten die Europäer die Küsten der großen Kontinente erforscht. Obwohl sie Australien, den Nordpol und den Südpol noch nicht kannten, waren die Weltkarten, die sie damals zeichneten, unseren heutigen sehr ähnlich.

Aber eigentlich hatten die Entdeckungsreisen lange vor 1492 begonnen. Schon seit 1415 segelten die Portugiesen entlang der afrikanischen Küste nach Süden. Als sie das Kap der Guten Hoffnung umschifft hatten, mussten sie nur noch den Seeweg nach Indien finden. Dort gab es Seide, Gewürze und andere Kostbarkeiten, die die Europäer seit Jahrhunderten sehr teuer einkauften. Ab 1500 schufen die Portugiesen im Fernen Osten ein blühendes Handelsreich, um das sie von den anderen europäischen Ländern beneidet wurden.

Damit er die Seereise nach Indien unternehmen konnte, begab sich Christoph Kolumbus in den Dienst des Königs von Spanien und nahm Kurs in Richtung Westen über den Atlantischen Ozean. Doch die Gewürzinseln erreichte er nicht, stattdessen entdeckte er einen neuen Kontinent: Amerika. Sehr rasch kolonisierten die Spanier dieses riesige Gebiet. Sie beuteten die Ureinwohner aus und brachten Edelmetalle, Zucker und unbekannte Nahrungsmittel nach Spanien.

Noch bevor nordeuropäische Länder wie England und Frankreich reagieren konnten, hatten Spanien und Portugal diese Neue Welt schon unter sich aufgeteilt. Doch auch England und Frankreich hatten mutige Seeleute, die den Atlantik überquerten und Routen nach Brasilien und Kanada entdeckten. Nach und nach eroberten sie sich ihren Platz unter den großen europäischen Entdeckungsreisenden. Gegen Ende des 16. Jahrhunderts schließlich hatte sich die Situation verändert: Nun war England der Herrscher über die Meere.

Immer mehr Expeditionsschiffe stachen jetzt unter dem Kommando erfahrener Kapitäne in See. Doch leider verhinderten die Fortschritte in der Navigation weder Schiffbrüche noch die schrecklichen Krankheiten, an denen die Besatzungen oft starben. In den meisten Fällen kennen wir weder die Namen noch die Gesichter der Seeleute, die zu diesen gefährlichen Abenteuern aufbrachen. Doch ob sie nun Schiffsjungen oder alte Seebären, Segelmacher oder Zimmermänner gewesen sind – ohne ihren Mut, ihre Ausdauer und ihre Kraft hätte keine einzige dieser Reisen stattfinden können.

Die Seewege im Mittelmeer

10

W enn um 1450 eine Schiffsflotte in den Hafen von Venedig einlief, kündigten die Glocken des Markusdoms an, dass eine reiche Ladung eingetroffen war. Venedig lag günstig an den Seewegen des Mittelmeers. Seine Kaufleute brachten Waren aus China und Indien in das Abendland: Seide, Gewürze, Duftstoffe und Edelsteine. Bei den europäischen Adligen, die durch luxuriöse Nahrung und Kleidung gerne ihren Reichtum zur Schau stellten, waren sie sehr begehrt.

Die Venezianer beherrschten den Handel mit dem Orient. Im Arsenal, einer riesigen Werft, wurden Schiffe gebaut und repariert. Venedig besaß 45 Galeeren, also schnelle, leichte Boote mit Segeln und Rudern. Außerdem lagen dort 300 Schiffe, die privaten Kaufleuten gehörten. Schiffe mit bauchigem Rumpf nahmen hauptsächlich Wein, Getreide und Salz an Bord, während Galeeren, auf denen Ruderer saßen, meist Pfeffer und Gewürze transportierten. Sie holten die teuren Kostbarkeiten aus Beirut und aus Alexandria, wo sie arabische Händler nach einer langen Reise über den Indischen Ozean und durch Arabien abgeliefert hatten.

Die Venezianer, die mit ihren Schätzen über das Mittelmeer segelten, hatten überall Häfen und Lagerhallen gebaut: auf Kreta, auf Zypern und auf den Inseln vor der Küste Griechenlands. Diese Stationen, die zu ihrem Stadtstaat gehörten, bildeten ein regelrechtes Handelsimperium. Um größere Mengen an Waren transportieren zu können und mehr Sicherheit gegenüber Piraten und Seestürmen zu erreichen, stellten sie Flotten zusammen. Die Schiffe einer Flotte stachen gleichzeitig in See, zuerst

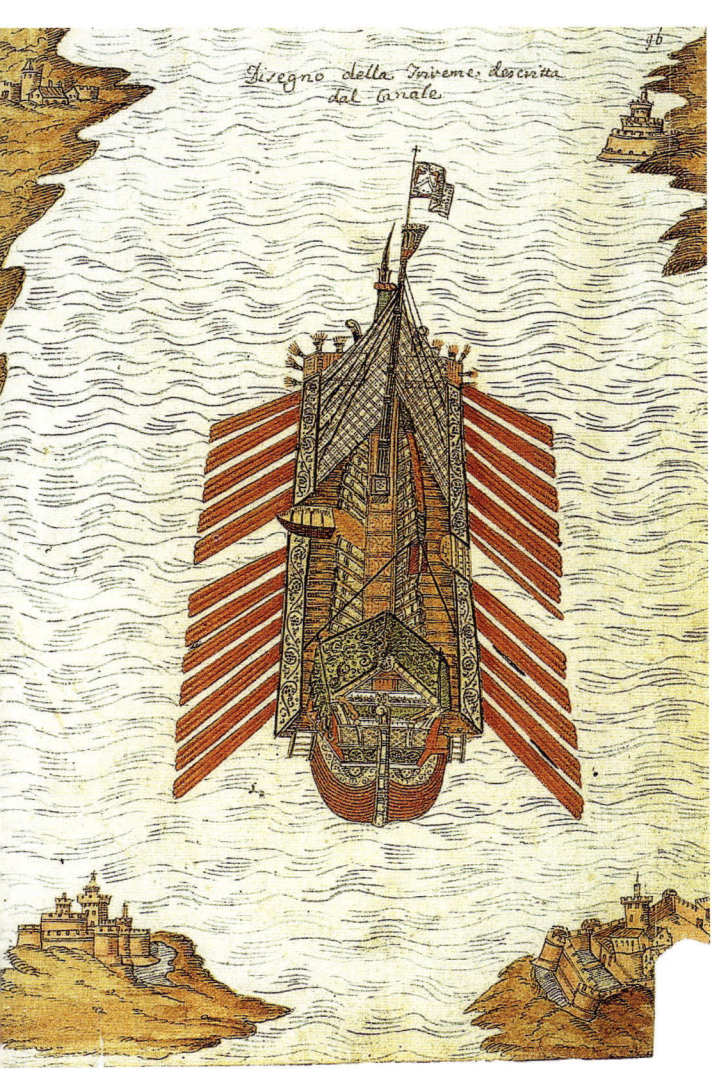

nach Alexandria, nach Konstantinopel und zum Schwarzen Meer, später nach London und Brügge und schließlich nach Spanien.

In der zweiten Hälfte des 15. Jahrhunderts orientierten sich die Venezianer mehr nach Westen, denn im östlichen Mittelmeer verschlechterte sich die Lage: Die Osmanen, die seit langer Zeit in Kleinasien ansässig waren, hatten 1453 Konstantinopel erobert und ihr Herrschaftsgebiet immer weiter ausgedehnt. Die erste venezianische Galeere, die versuchte, in das Schwarze Meer einzudringen, wurde sofort mit ihrer ganzen Besatzung versenkt. Die Venezianer verhandelten daraufhin mit den Moslems. Nun wurden ihre Kaufleute zwar wieder zum Handel zugelassen, mussten aber Abgaben zahlen. Doch die Situation spitzte sich noch weiter zu: 1463 brach zwischen den Venezianern und den Osmanen ein Krieg aus, der 1470 mit einer schweren Niederlage Venedigs endete. Damit begann das Handelsimperium der Venezianer zu schrumpfen, nach und nach ging der Seehandel im Mittelmeer zurück. Bis 1569 segelten jedoch noch venezianische Handelsflotten nach Alexandria.

Die italienischen Geschäftsleute, Venezianer und Genuesen, interessierten sich allmählich für den Atlantischen Ozean und die Länder im Westen. Die Portugiesen hatten ihre Schiffe bereits an der afrikanischen Küste entlang nach Süden geschickt, wo sie einen

◀ Auf den Galeeren nehmen die Ruderer viel Platz ein. Deshalb können die Schiffe nicht für den Transport von Waren genutzt werden.

direkten Seeweg nach Indien suchten. Aber in Wahrheit suchten sie vor allem nach Gold. Den europäischen Ländern fehlte es damals an Gold und Silber, um die teuren Waren aus dem Orient bezahlen zu können. Es gab zwar einige Silberminen in Ungarn und Tirol, doch ihre Ausbeute war zu mager. Um 1460 hieß es, die Portugiesen hätten in Afrika Gold gefunden. Von nun an glaubten die italienischen Kaufleute, ihr Glück liege im Westen.

◄ Dieses Dekret gibt den Krieg der Venezianer gegen die Osmanen bekannt. Da es bei den Streitigkeiten um die Herrschaft über die Seewege geht, sieht man große Handelsschiffe und Galeeren.

Tommaso

rüstet sich zur Abreise

Ungefähr 2000 gut ausgebildete und spezialisierte Arbeiter sind im Arsenal von Venedig beschäftigt. Sie bauen und reparieren Schiffe.

Die Glocke im Arsenal hat das Arbeitsende verkündet, und Tommaso wartet auf seinen Freund Marco, der bald herauskommen wird. Tommaso ist 17 Jahre alt und Sohn eines Kaufmanns. Sein Vater besitzt gemeinsam mit seinen Brüdern ein Handelsunternehmen, eine *fraterna*. Er hat sich einen Palazzo bauen lassen, der über 20 000 Dukaten gekostet hat. Tommaso weiß, dass das sehr viel Geld ist, denn Marco verdient im Arsenal nur 20 Dukaten im Jahr.

Auch Tommasos Mutter stammt aus einer reichen Familie. Als 1452 der deutsche Kaiser zu Besuch kam, gehörte sie zu den 200 adligen Venezianerinnen, die bei dem festlichen Empfang dabei waren. Sie alle trugen zu diesem Anlass prächtige Kleider aus goldbestickter Seide.

Tommaso hat in ganz Europa Verwandte, die Bankiers oder Kaufleute sind. Da er bei ihnen seine Ausbildung absolvieren kann, wird auch er schon bald ein reicher Mann sein. Heute ist er ins Arsenal gekommen, um Marco zu sagen, dass seine Abreise kurz bevorsteht. Zuerst wird er eine Weile in Spanien, in Valencia, bei seinem Cousin Giacomo verbringen, der Wolle einkauft und sie dann in die niederländischen Textilfirmen nach Antwerpen schickt. Bei ihm wird Tommaso lernen, Rechnungsbücher zu führen, Geschäfte abzuwickeln und Frachten zu versenden. Danach wird er nach Lissabon gehen. Von dort aus will er versuchen, bis nach Afrika zu kommen, denn sein Vater hat versprochen, ihm das Geld für die Reise zu leihen.

13

Die Portugiesen wagen sich auf den Atlantik

Während der Handel im Mittelmeer immer weiter zurückging, wurden die Portugiesen auf dem Atlantik immer unternehmungslustiger.

Gegen Ende des Jahres 1434 gelang es Kapitän Gil Eanes, das Kap Bojador an der afrikanischen Küste zu umsegeln. Zehn Jahre zuvor hatten portugiesische Schiffe bereits erfolglos versucht, diese Landzunge zu passieren, die man auch das Kap des Grauens oder das Tor zur Hölle nannte. Wegen der heftigen Winde, die dort das ganze Jahr über wehten, glaubten die Seeleute, niemand käme lebend zurück. Doch Gil Eanes hatte es gewagt und war zurückgekehrt! Nun war die Angst bezwungen, und weitere Entdeckungsreisen entlang der afrikanischen Küste folgten.

Prinz Heinrich der Seefahrer, Bruder des portugiesischen Königs Alfons V., leitete und finanzierte diese Expeditionen. Im Jahr 1415 hatte er die marokkanische Stadt Ceuta erobert und seitdem die afrikanische Küste erforscht.

◀ Die Portugiesen dringen langsam an der afrikanischen Küste nach Süden vor. 1471 erreichen sie die Flussmündung des Niger im Golf von Guinea.

Doch das Gold und die Reichtümer dieser Stadt stammten in Wirklichkeit aus dem im Süden gelegenen Schwarzafrika, deshalb musste er dorthin aufbrechen. So drangen die Portugiesen immer weiter vor: 1419 erreichten sie Madeira, 1427 die Azoren und 1434 das Kap Bojador.

Für solche Expeditionen brauchte man viel Geld, denn die Schiffe und Seeleute mussten bezahlt werden. Aber auch eine sehr gute Organisation war notwendig. 1420 hatte sich Prinz Heinrich in seiner Festung bei Sagres, im Süden Portugals, niedergelassen. Dort umgab er sich mit den fähigsten Astronomen, Kartografen und Seefahrern seiner Zeit. Seine Residenz entwickelte sich rasch zu einer bedeutenden Seefahrtsschule. Auch Lotsen wurden dort ausgebildet, die den Schiffen den Weg wiesen.

Um aus dem südlichen Atlantik mit seinen Gegenwinden und widrigen Strömungen in die Heimat zurückzukehren, brauchte man neue Schiffe. Sie mussten leistungsstärker als die schwerfälligen Handelssegler sein. So entwickelte man um 1440 in den Schiffswerften im Hafen von Lagos die Karavellen. Sie hatten zwei Masten statt einem und zwei oder drei dreieckige Segel. Sie waren 20 Meter lang und sieben bis acht Meter breit und fassten 20 Mann Besatzung und 50 Tonnen Gewicht.

Die Karavellen konnten schnell manövrieren, nahe an die Küsten heransegeln und gegen den Wind kreuzen. Allerdings waren die kleinen Schiffe nicht in der Lage, große Lasten zu

▼ Prinz Heinrich von Portugal legt keinen Wert auf den höfischen Luxus. Er zieht nach Sagres, wo er inmitten von Seefahrern und Gelehrten lebt. Später wird man ihn Heinrich den Seefahrer nennen.

15

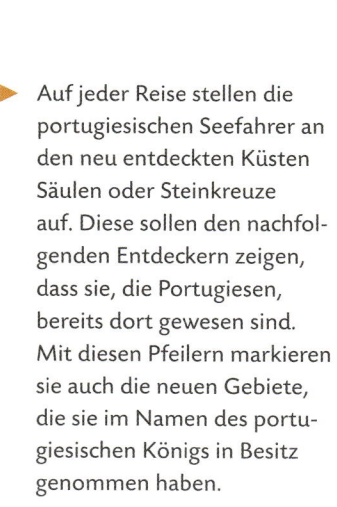

▲ Die Entdeckungsreisen entlang der afrikanischen Küste haben auch einen wirtschaftlichen Zweck. Die Portugiesen bringen von ihren Expeditionen Elfenbein, Gold, Paradieskörner (eine Pfefferart) und vor allem Sklaven mit, die sie in Lissabon zu hohen Preisen verkaufen.

▶ Auf jeder Reise stellen die portugiesischen Seefahrer an den neu entdeckten Küsten Säulen oder Steinkreuze auf. Diese sollen den nachfolgenden Entdeckern zeigen, dass sie, die Portugiesen, bereits dort gewesen sind. Mit diesen Pfeilern markieren sie auch die neuen Gebiete, die sie im Namen des portugiesischen Königs in Besitz genommen haben.

transportieren. Für den Handelsverkehr benutzten die Portugiesen daher größere Schiffe, die sogenannten Karacken. Sie mussten sich aufs hohe Meer hinauswagen, um Winde zu finden, die sie zurück nach Europa brachten. Als Kapitän Pedro Álvares Cabral im Jahr 1500 in einem sehr weiten Bogen über den Atlantik segelte, bemerkte er auf einmal eine Küste, an der Bäume mit glutroten Stämmen standen: Er hatte Brasilien entdeckt.

Es zeugt vom großen Mut der Portugiesen, dass sie sich auf den riesigen Ozean hinauswagten. Die anderen europäischen Seeleute nämlich waren zuvor immer nur in Küstennähe gesegelt. Damit diese kühnen Entdeckungsreisen gelingen konnten, wurden immer bessere Instrumente für die Navigation entwickelt. Der Kompass, auch Bussole genannt, war schon seit dem 13. Jahrhundert bekannt. Er machte es möglich, ganz genau dem Kurs zu folgen. Mit dem Astrolab oder dem Jakobstab – einem Stock mit einer Skala und einem Querstab – peilten die Seeleute die Sonne an, um zur Mittagszeit ihre Höhe über dem Horizont zu messen. Anschließend konnten sie mit Hilfe der Rechentabellen, die die Astronomen in Sagres aufgestellt hatten, den Breitengrad ableiten. Darunter versteht man die Position nördlich oder südlich des Äquators. Doch der Längengrad, die Position auf dem Äquator östlich oder westlich des Nullmeridians (einer künstlich festgelegten Nord-Süd-Linie), blieb weiterhin ungenau, weil man zu dieser Zeit noch keine exakte Uhr hatte. Daher machten die Seeleute häufig Fehler bei der Navigation. Um herauszufinden, wie lange sie für eine Strecke brauchten, benutzten sie einen großen Sandsack, den sie alle vier Stunden umdrehen mussten. Die Länge des zurückgelegten Weges versuch-

ten sie herauszufinden, indem sie mit einem geknoteten Seil die Geschwindigkeit des Schiffs maßen. Mit diesem Instrument, Log genannt, konnten sie auch die Wassertiefe an unbekannten Küsten prüfen. Mit jeder Reise erwarben die Kapitäne neue Kenntnisse. Die Gelehrten in Sagres zogen ihre Schlüsse daraus und konnten so die Seefahrt ständig weiterentwickeln.

Als Heinrich der Seefahrer 1460 in Sagres starb, war es den Portugiesen gelungen, bis zum Golf von Guinea in Afrika zu segeln. 1481 bestieg Johann II. den Thron von Portugal und ließ die Festung São Jorge da Mina bauen (sie heißt heute Elmina und liegt in Ghana). Dieser Hafen, in dem das afrikanische Gold, das Elfenbein und die Sklaven ankamen,

◀ Gelehrte, aber auch Adlige und reiche Bürger lassen sich einen Globus für ihr Studierzimmer anfertigen.

war eine wichtige Zwischenstation für die Seeleute. Von dort aus setzten sie ihre Entdeckungsreisen weiter nach Süden in Richtung Asien fort. Häufig stellten die Portugiesen Steinsäulen an den Küsten auf, die

GERARDUS MERCATOR NATUS IN
RUPELMUNDÆ I NON. MARTII ANNO
CIƆIƆXII: VIXIT ANN. LXXXII. M. VIII. D.
XXVI: DENATUS II NON. DECEMBRIS
ANNO CIƆIƆXCIV.

IUDOCUS HONDIUS NATUS IN
PAGO FLANDRIÆ DICTO WACKENE XVI
KALEND. NOVEMBRIS ANNO CIƆIƆLXIII:
VIXIT ANN. XLVII. M. VII. D. XXIX: DENAT
US XIV KAL. MARTII ANNO CIƆIƆCXII.

padrões, in die sie für nachfolgende Seeleute ihre Namen und das Datum ihrer Überfahrt meißelten. 1483 entdeckten sie die Flussmündung des Zaire und glaubten, dass sie nun den Seeweg nach Asien gefunden hatten. Doch in Wirklichkeit dauerte die Suche noch lange. 1487 gab König Johann II. von Portugal dem ausgezeichneten Seemann Bartolomeu Dias zwei Karavellen und ein Segelschiff voller Lebensmittel. Diesem gelang es, die Grenzen der bis dahin bekannten Welt noch weiter auszudehnen. Während sein Schiff im Sturm hin und her geworfen wurde, umsegelte er – ohne

▲ Seit dem griechischen Altertum wissen die Geografen, dass die Erde eine Kugel ist. Doch es dauert noch lange, bis sie ihren Umfang ermitteln können.

etwas zu sehen – die Südspitze Afrikas. Er taufte sie zunächst Kap der Stürme, doch schon bald nannte man sie das Kap der Guten Hoffnung. Als Bartolomeu Dias im Dezember 1488 nach Lissabon zurückkehrte, konnte er dem portugiesischen König verkünden, dass man Indien ein Stück näher gekommen war.

Pedro Reinel,
ein portugiesischer Kartograf

Pedro Reinel hat soeben eine rote Lilie auf das Pergament gemalt. Sie zeigt Norden an. Er ist sehr zufrieden mit seiner Karte, die die Welt so darstellt, wie man sie 1485 kennt. Europa, ein Teil Asiens und die Küste Afrikas bis zur Flussmündung des Zaire sind eingezeichnet. Seit zwei Jahren steht Pedro als Kartograf im Dienst von König Johann II. Er genießt so hohes Ansehen, dass auch der König von Spanien ihm Arbeit angeboten hat. Aber das ist noch nicht alles! Ein reicher Unbekannter hat ihm erst kürzlich zwölf Golddukaten versprochen, wenn er für ihn eine Weltkarte anfertigt. Doch die Portugiesen hüten ihre Entdeckungen sorgsam. Auch Pedro nimmt sich vor Neugierigen in Acht: Jeden Abend versteckt er seine Karten in einer Truhe, die er sorgfältig verschließt.

Noch ein Jahrhundert zuvor hatten die Kartografen Jerusalem als Mittelpunkt der Welt dargestellt.

Die Seeleute waren noch mit Hilfe von Portolanen (mittelalterliche Segelhandbücher) an den Küsten des Mittelmeers entlanggesegelt. Sie konnten noch nicht auf dem offenen Meer navigieren oder sich weit auf den unbekannten Atlantik hinauswagen. Pedro ist stolz auf seine Karte, weil die Kapitäne bei zukünftigen Reisen ihren Kompass darauf legen und die Entfernungen entlang der neuen Linien abmessen werden. So können die großen Exkursionen über das Meer vorangetrieben werden.

► In der Mitte der Karte befindet sich die Windrose, die alle vier Himmelsrichtungen anzeigt. Von hier aus zieht der Kartograf Linien, die sogenannten Windstrahlen, die sie mit den anderen Windrosen verbindet. Das so entstandene Netz hilft den Seefahrern, ihre Position zu bestimmen.

Auf die große Reise werden Nahrungsmittel für mehrere Monate mitgenommen. Ein lebendiges Schwein ist ein vorzüglicher Vorrat an Frischfleisch.

Christoph Kolumbus und Amerika

Durch die Fortschritte in der Navigation wurden lange Fahrten über das Meer möglich. Viele mutige Seefahrer träumten davon, den Seeweg zu den weit entfernten Ländern des Fernen Ostens zu finden, wo es Gold, Seide und Gewürze gab.

1476 traf ein Genueser namens Christoph Kolumbus im portugiesischen Lissabon ein. Er war ein kühner junger Mann von 25 Jahren, der bereits seit seinem 14. Lebensjahr zur See fuhr. Schon bald ging er an Bord portugiesischer Schiffe, die zu den Azoren und nach Guinea segelten. In Wahrheit träumte er von Asien, meinte aber, dass der Seeweg um die Südspitze Afrikas herum zu lang sei. Nachdem er viel gelesen und nachgedacht hatte, unterbreitete er dem portugiesischen König einen Vorschlag. Er wollte versuchen, China und Indien auf einer westlichen Route über den Atlantischen Ozean zu erreichen. Wie die Gelehrten seiner Zeit wusste Christoph Kolumbus, dass die Erde eine Kugel ist. Doch seine Berechnungen waren nicht ganz exakt, und er unterschätzte ihren Umfang. Der König vertraute ihm nicht und lehnte seinen Vorschlag ab. Der enttäuschte Kolumbus versuchte sein Glück daraufhin in Spanien.

Sieben Jahre lang bemühte er sich, Königin Isabella von Kastilien, die Frau von König Ferdinand von Aragon, zu überzeugen. Als er schon nicht mehr daran glaubte, erteilte sie 1492 ihre Zustimmung. Die Vorbereitungen liefen nur zögerlich an, denn kein Seemann wollte sich auf ein so gewagtes Abenteuer einlassen. Doch dann bekam Kolumbus Unterstützung von den Brüdern Pinzón. Sie heuerten gut hundert

Männer an, indem sie ihnen Häuser mit goldenen Dachziegeln in Indien versprachen. Schon bald kommandierten die Männer drei Schiffe, die beiden Karavellen *Niña* und *Pinta* und ein größeres Schiff, die *Santa Maria*, das Kolumbus selbst steuerte. Pro Person wurden 1300 Kilo Lebensmittel an Bord genommen: Mehl, Schiffszwieback, Speck, in Salz eingelegter Fisch und Wasservorräte für sechs Monate.

▼ Die Bewohner der Antillen, die Tainos-Indianer, empfangen die Entdecker großzügig mit Geschenken. Sie glauben, die Fremden seien vom Himmel gekommen.

Kolumbus ahnte, dass es eine lange Reise werden würde, aber er sagte es nicht.

Am 3. August 1492 stachen die Schiffe vom Hafen Palos aus in See. Nach einem Aufenthalt auf den Kanarischen Inseln begann am 6. September die lange Überfahrt. Tage und Wochen vergingen. Am Horizont war nichts zu entdecken, und die Seeleute hatten Angst, sie könnten womöglich nicht zurückkehren. Nach einem Monat drohten sie mit Meuterei. Kolumbus versuchte, sie zu beschwichtigen. Er zeigte ihnen Baumstämme, die auf dem Meer trieben, und Vögel am Himmel. Alles deutete darauf hin, dass Land in der Nähe war. Auf diese Weise konnte er sie einige Tage hinhalten. Zum Glück! Denn in der Nacht vom 11. zum 12. Oktober entdeckte ein gewisser Rodrigo de Triana an Bord der *Pinta* einen hellen Küstenstreifen in der Dunkelheit und rief: »Land in Sicht!« Und tatsächlich, da war

Land, ganz nah! Am Tag darauf nahm es Kolumbus im Namen des spanischen Königs in Besitz. Am Strand sah er nackte Menschen auf sich zukommen. Jedoch erkannte er in ihnen nicht die reichen Asiaten, die Marco Polo beschrieben hatte. Da Kolumbus sich ganz nah vor der Küste Indiens glaubte, nannte er die Bewohner Indianer. In Wirklichkeit aber war er auf einer Insel der Kleinen Antillen nahe vor dem bis dahin unbekannten Kontinent Amerika gelandet. Hier fand er aber weder Gewürze noch Edelmetalle. Doch die Einwohner gaben den Männern zu verstehen, dass es ganz in der Nähe Gold gäbe. Die Schiffe stachen wieder in See und entdeckten weiter südlich die Insel Kuba und die große Insel Hispaniola (das heutige Haiti). Bei diesen Reisen erlitt die *Santa Maria* Schiffbruch. Da es nun unmöglich war, die gesamte Besatzung wieder nach Europa zurückzubringen, baute Kolumbus auf Hispaniola ein Fort und ließ 39 Männer dort zurück. Dann trat er die Heimreise in nordöstliche Richtung an, um günstige Winde zu finden, die ihn direkt nach Europa bringen sollten.

Die Heimkehr von Christoph Kolumbus am 15. März 1493 war ein Triumph: Er brachte etwas Gold, unbekannte Früchte und Pflanzen, bunte Papageien und Eingeborene mit, die er gefangen genommen hatte, um sie bei Hofe vorzuführen. Königin Isabella ernannte ihn zum Vizekönig und Gouverneur aller neuen Gebiete. Außerdem sollte ihm ein Zehntel aller Reichtümer zustehen, die man dort zu

finden glaubte. Ende September 1493 begab er sich mit 13 Schiffen und 1300 Männern, mit Vieh, Pferden und Getreide erneut auf die Reise. Am 22. November legte er auf Hispaniola an. Die Männer, die er zurückgelassen hatte, waren bei Kämpfen mit den Indianern getötet worden. Kolumbus musste einen neuen Ort für seine Kolonie suchen. Im Laufe dieser Expedition entdeckte er Jamaika und glaubte wieder einmal, dass er Asien erreicht habe. Als er 1496 nach Spanien zurückkehrte, hatte er dem König wenig gute Nachrichten zu überbringen: Das heiß begehrte Gold war unauffindbar geblieben, und die spanischen Kolonisten akzeptierten seine Autorität nicht mehr.

▲ Dieses Gemälde aus dem 19. Jahrhundert zeigt, wie Christoph Kolumbus bei seiner Rückkehr nach Spanien von König Ferdinand und Königin Isabella empfangen wird. Hinter ihm werfen sich die Indianer, die er verschleppt hat, zu Boden.

In der Zwischenzeit hatten am 7. Juni 1494 Spanien und Portugal einen Vertrag unterzeichnet, der die Besitztümer der beiden Länder klar regelte: Alles, was sich westlich einer senkrechten Linie mitten durch den Atlantik befand, sollte Spanien gehören, alles, was östlich davon war, stand Portugal zu. Das übrige Europa hatte noch keine Entdeckungsreisen unternommen und forderte erst später seinen Anteil.

Kolumbus unternahm in den Jahren 1498 und 1502 noch zwei weitere Reisen. Am 30. Mai 1498 erreichte er die Mündung des Orinoko in Venezuela. Er merkte nicht, dass er ein völlig unbekanntes Land entdeckt hatte. Der Italiener Amerigo Vespucci erkundete 1499 und 1501 die südamerikanische Küste. Da er nichts von dem Asien erkannte, das Marco Polo und die Araber beschrieben hatten, glaubte er, dass er einen neuen Kontinent gefunden hatte. Seine Reiseberichte wurden in ganz Europa gelesen und gelangten bis nach Sankt Dié in den Vogesen. Dort nannte ein Geograf das von Amerigo beschriebene Gebiet auf seiner Weltkarte Amerika. 1504 kehrte Christoph Kolumbus endgültig nach Spanien zurück. 1506 starb er, ohne wirklich begriffen zu haben, was für eine große Entdeckung er gemacht hatte. Inzwischen waren die Spanier zur Eroberung der Neuen Welt, wie man Amerika jetzt nannte, aufgebrochen. Für die Eingeborenen, die weder Eisen, Feuerwaffen, Schiffe noch Pferde besaßen, war die Ankunft der Eroberer ein furchtbarer Schock. Die Inselbewohner von Haiti, Kuba und den Kleinen Antillen waren rasch vernichtet. Die Kolonisten ließen sich auf dem Festland nieder, eroberten das Reich der Azteken in Mexiko und das der Inkas in Peru und raubten ihre Schätze.

Um 1550 befand sich ganz Südamerika in den Händen der Spanier. Sie ließen die Indianer in den Minen und auf den Feldern arbeiten. Der spanische Priester Bartolomé de las Casas empörte sich über die Unterdrückung der Indianer und setzte zu ihrem Schutz bessere Gesetze durch. Leider wurden sie nicht befolgt.

◄ In einem Brief vom 30. März 1493 ehren der König und die Königin von Spanien Christoph Kolumbus und würdigen sein Können. Was für eine Genugtuung für den Seefahrer, den sie so lange gering geschätzt hatten!

24

Ganahi,

ein indianischer Minenarbeiter in Mexiko

Sein Name ist Ganahi, doch der Direktor der Mine nennt ihn Bernardino. Mit Gewalt hat man ihn zum Christen getauft und zwingt ihn und alle anderen hier versammelten Indianer, spanische Kleidung zu tragen.

Ganahi arbeitet auf dem Berg bei Potosi in Mexiko. Seit die Spanier 1547 die lang gesuchte Silbermine gefunden haben, zwingen sie Tausende von Indianern dazu, in 4000 Metern Höhe das Gestein abzubauen. Ganahi holt jeden Tag bei Dunkelheit und Kälte 23 Kilo Erz aus dem Berg. Von seinem geringen Lohn muss er die Talgkerze kaufen, die in der Mine ein wenig Licht gibt. Wie alle Indianer muss er außerdem 14 Jahre lang eine Abgabe an den König von Spanien zahlen. Während Ganahi mit seinem Holzhammer den Fels bearbeitet, denkt er an seine Familie. Unten im Tal bestellt sein Bruder für einen reichen Besitzer Land, das vor dem Eintreffen der Spanier den Indianern gehörte. Jetzt besitzen die Indianer nichts mehr. Jedes Jahr sterben viele von ihnen wegen der schlechten Behandlung und der Krankheiten, die die Spanier eingeschleppt haben. Viele gehen auch aus Verzweiflung zugrunde, weil das Leben unerträglich geworden ist. Ganahi ist erst 15 Jahre alt und weiß schon, dass er nicht mehr lange leben wird. Seine Kräfte lassen bereits nach.

▲ Die Indianer Südamerikas sind Untertanen des Königs von Spanien geworden. Sie werden zwar nicht als Sklaven betrachtet, doch ihre Lebensbedingungen sind furchtbar. 1542 berichtet Bartolomé de las Casas von zwölf Millionen Toten.

Die außergewöhnliche Reise des Vasco da Gama

Bartolomeu Dias hatte schon 1488 das Kap der Guten Hoffnung umschifft. Die Portugiesen wussten seither, wie man in den Indischen Ozean gelangt. Sie waren die ersten Europäer, die nun versuchten, um die Südspitze Afrikas herum nach Indien zu segeln.

Am 8. Juli 1497 verließen vier Schiffe den Hafen von Lissabon. Die Expedition, zu der etwa 170 Seeleute und Soldaten gehörten, wurde von Vasco da Gama angeführt. König

Manuel I. hatte den 37-jährigen portugiesischen Edelmann beauftragt, Handelsbeziehungen mit Indien anzuknüpfen.

Nach einem ersten Halt auf den Kapverden steuerten die Lotsen auf das offene Meer hinaus. Sie wollten einer Route nach Süden folgen, die den Portugiesen seit den 1450er Jahren bestens bekannt war. Am 18. November 1497 umschiffte die kleine Flotte das Kap der Guten Hoffnung und segelte in den Indischen Ozean. Bald lief Vasco da Gama einen

Hafen an, um frische Lebensmittel an Bord zu nehmen. Dann stach er wieder in See und segelte die Küste in nordwestliche Richtung hinauf. Wegen starker Gegenströmungen kam er jedoch nur langsam voran. Schließlich erreichten die Schiffe am 2. März 1498 den Hafen von Mosambik. Der Sultan der Stadt bereitete den Europäern einen recht kühlen Empfang, denn er glaubte, dass sie den Handel der Araber gefährden könnten. Vasco da Gama segelte daraufhin weiter. Er schleppte seine erschöpften Männer bis nach Mombasa (heute in Kenia). Doch auch von dort musste er eilig wieder aufbrechen, um einem Hinterhalt zu entkommen. In der nahe gelegenen Hafenstadt Malindi (Kenia) wurden die Fremden endlich freundlich empfangen. Der Sultan stattete sie mit Nahrungsmitteln aus und stellte ihnen einen Lotsen zur Verfügung. Er sollte sie auf geradem Weg über den Indischen Ozean leiten. Am 20. Mai 1498 gingen Vasco da Gamas Schiffe im Hafen von Calicut an der Malabarküste in Indien vor Anker.

Sie blieben drei Monate dort, um Gewürze einzukaufen und Handelsbeziehungen aufzubauen. Doch Calicut war voll von arabischen Händlern, die über die Ankunft der Männer aus dem Abendland nicht erfreut waren. Schon seit Jahrhunderten kauften die Araber in Indien Seide und Gewürze und verkauften sie in den Hafenstädten des Mittelmeers an die Venezianer. Sie befürchteten, dass die Portugiesen, die nun den direkten Seeweg über den Atlantischen und Indischen Ozean gefunden hatten, diesen Handel gefährden könnten. Vasco da Gama musste sich also gewaltig anstrengen, um akzeptiert zu werden. Seine Geschenke erschienen recht wertlos in diesem reichen Land, und das Oberhaupt der Stadt verbot ihm den Kauf kostbarer Waren. Also versuchte Vasco da Gama sein Glück weiter nördlich, wo es weniger arabische Kaufleute gab. Dort gelang es ihm, eine Ladung Gewürze zu kaufen. Der Rückweg aber wurde schwierig: Die Überquerung des Indischen Ozeans entwickelte sich in der schlechten Jahreszeit und

▲ Während seiner ersten Reise nach Indien entdeckt Vasco da Gama Häfen mit regem Handel und blühende Städte wie Calicut. Er sieht eine ganz andere Landschaft als die, die Christoph Kolumbus in Amerika entdeckt hatte.

▲ Das Oberhaupt der Stadt Calicut misstraut den Europäern, und so bleiben Vasco da Gamas Verhandlungen erfolglos.

ohne Lotsen zu einem Albtraum. Die Schiffe benötigten drei Monate für die Strecke, die sie auf dem Hinweg in drei Wochen zurückgelegt hatten. Viele Seeleute starben. Nach einer längeren Ruhepause in Malindi verteilte Vasco da Gama die übrig gebliebenen Männer auf zwei Schiffe. Das dritte, das beschädigt war, ließ er an Ort und Stelle verbrennen. Er wollte keine Spuren seiner Expedition hinterlassen. Die kleine Flotte umschiffte am 20. März 1499 das Kap der Guten Hoffnung. Die Route war zwar bestens bekannt, aber die Seefahrer mussten noch 11 000 Kilometer zurücklegen!

Am 1. September 1499 gingen in Lissabon neben Vasco da Gama nur 55 Männer von Bord. Sie hatten das Land der Seide und Gewürze zwar gefunden, es war ihnen aber nicht gelungen, regelmäßige Handelsbeziehungen mit Indien anzuknüpfen. Im Jahr 1500 schickte König Manuel eine zweite Expedition auf den Weg. Sie bestand aus 13 Schiffen und 1200 Männern. Mit Schüssen auf Calicut setzten sie ihre Macht durch. Dann gründeten sie etwas weiter südlich, in Cochin, ein erstes Handelsunternehmen. 1502 führte Vasco da Gama das Kommando über eine dritte Expedition und eroberte neue Standorte an den Küsten. 1510 wurde die Stadt Goa Hauptstadt des portugiesischen Herrschaftsgebiets. Es erstreckte sich vom Indischen Ozean bis zum Chinesischen Meer. Die Portugiesen beherrschten nun den Handel mit dem Fernen Osten. Da dies für die Venezianer einen schweren Schlag bedeutete, verbündeten sie sich mit den Arabern, um die Pläne der Portugiesen zu durchkreuzen. Und auch die Spanier, die 1492 Amerika entdeckt hatten, hofften noch immer, den Seeweg nach Indien über eine westliche Route zu finden …

Alvaro,

ein Kalfaterer an Bord der *Santiago*

An diesem 3. März 1512 ist Alvaro besorgt. Er schaut zu, wie die letzten Fässer auf die *Santiago* gehievt werden, und fragt sich, wie das Schiff eine so schwere Ladung tragen soll. 4000 Doppelzentner Pfeffer, viele Truhen, Seiden- und Baumwollballen sind bereits an Bord verstaut. Außerdem werden noch portugiesische Passagiere erwartet, für die man Kabinen auf dem Ober- und Zwischendeck eingerichtet hat.

Als die *Santiago* aus der Hafenstadt Goa an der Westküste Indiens ausläuft, befinden sich Hunderte von Menschen an Bord. Es ist nicht Alvaros erste Reise. Er weiß, dass Lissabon sechs Monate Seereise entfernt liegt und so mancher dieses Ziel nicht erreichen wird. An Bord hat ein einziger Mann das Kommando über alle anderen: Das ist der Kapitän, der vom König die Befehlsgewalt erhalten hat. Der Lotse ist verantwortlich für das Navigieren, für den Kurs und die Seekarten. Die Überfahrt könnte sehr unruhig werden, wenn sich diese beiden Männer nicht gut verstehen… Dann gibt es noch den Bootsmann, der die Arbeit der Matrosen beaufsichtigt und die Wachen einteilt: Ein Teil der Mannschaft manövriert, während der andere Teil sich ausruht. Und schließlich befehligt der Geschützmeister die Männer an den Kanonen, die bei einem feindlichen Angriff eingesetzt werden.

▼ Der Erfolg der Seereisen hängt vom Wind ab. Zu viel Wind bedeutet Sturm mit all seinen Gefahren. Wenig oder gar kein Wind bedeutet Bewegungslosigkeit, Hitze und Mangel an Wasser und Nahrungsmitteln.

▼ Der Schiffszimmermann und der Kalfaterer tun ihre Arbeit. Der Schiffsrumpf muss repariert werden. Bohrmuscheln, kleine Meeresparasiten, haben Löcher in die Holzplanken gefressen.

Für Alvaro ist der eigentliche Feind der Sturm. Ein schwer beladenes Schiff wie die *Santiago* ist nicht leicht zu manövrieren. Vielleicht muss man einen Teil der Ladung über Bord werfen. Er betet zu Gott, dass der Wind nicht zu kräftig blasen möge, und macht sich an die Arbeit.

Alvaro ist Kalfaterer. Er kümmert sich darum, dass kein Wasser ins Schiff eindringt. Deshalb dichtet er immerzu die Zwischenräume der Holzplanken ab.

Die Teile des Rumpfs, die sich unter der Wasseroberfläche befinden, wurden bereits vor der Abreise kalfatert. Sie müssen beim nächsten Aufenthalt im Trockendock überprüft werden. Doch wenn das Schiff auf See ist, trocknen Sonne und Luft das Holz der Decks und der Aufbauten aus. Schon bei der ersten Welle können sie leck werden. Alvaro hat also Werg vorbereitet. Das sind grobe Hanf- oder Baumwollfasern, die er tief in die Fugen drückt. In einem Kessel auf Deck erhitzt er Fett und Harz und macht daraus Pech. Das gießt er über das Werg, damit es wasserdicht wird. Ab und zu spuckt er in den Kessel, um festzustellen, ob die zähe Masse heiß genug ist: Die Mischung zischt, kurz bevor sie aufkocht.

Alvaro ist dreißig Jahre alt und wegen seines Könnens sehr geachtet. Er liebt seinen Beruf. Aber das Leben an Bord ist hart! Auf der Hinreise herrschte vierzig Tage lang Flaute, und bei der Hitze haben sich die Würmer über die Nahrungsmittel hergemacht, sogar über die getrockneten Erbsen und den Schiffszwieback. Und das Wasser stank so sehr, dass man sich beim Trinken die Nase zuhalten musste.

Dieses Mal ist eine Zwischenstation auf der Insel Sankt Helena im Südatlantik geplant. Der

Kapitän hat gesagt, dass er nahe der Küste eine Quelle mit sauberem Wasser kennt. Dort können sie bequem die Fässer auffüllen.

Alvaro seufzt, während er das Werg zwischen zwei Planken stopft. Sankt Helena ist weit, und die Zeit vergeht ... Die *Santiago* wird in Mosambik anlegen müssen, um frische Nahrung an Bord zu nehmen. Vor allem Früchte, die dem Skorbut vorbeugen, sind wichtig. Bevor Alvaro an Bord gegangen ist, hatte er zehn Zitronen in seinem Seesack versteckt, denn er weiß gut, dass man an dieser schrecklichen Krankheit sterben kann. Die Füße schwellen an, das Zahnfleisch wird schwarz ...

In Mosambik muss Alvaro eilig den Rumpf der *Santiago* reparieren. Kleine Meeresparasiten, die Bohrmuscheln, haben Löcher ins Holz gefressen. In der Nähe des Kaps der Guten Hoffnung geraten die Seeleute in heftige Stürme, die die Segel zerfetzen und den großen Mast brechen lassen. Das Schiff ist so beschädigt, dass sie es an der Küste in einer geschützten Bucht auf Grund laufen lassen und reparieren. Bevor Alvaro Lissabon, seine Familie und sein Haus wiedersehen wird, bleibt ihm noch sehr viel zu tun.

◄ Die reichen Europäer lieben exotische Tiere. Papageien, Affen und Schildkröten werden per Schiff nach Europa gebracht.

31

▲ Ihre lange Weltumsegelung macht
Ferdinand Magellan und Sebastián del Cano
deutlich, wie groß der Erdball ist.

Ferdinand Magellan
segelt um die Welt

Seit den Reisen Vasco da Gamas kontrollierten die Portugiesen den Seeweg nach Asien um das Kap der Guten Hoffnung. Die Spanier hatten mit Amerika zwar einen riesigen Kontinent entdeckt, aber nicht das Land des Goldes, von dem sie geträumt hatten. Um nach Asien zu segeln, mussten sie eine Wasserstraße durch Amerika finden. Das war der kühne Plan des Seefahrers Magellan.

Ferdinand Magellan war ein portugiesischer Adliger, der bereits eine Weile in Indien gelebt hatte. Da der portugiesische König nicht bereit war, seinen Plan zu finanzieren, bot er seine Dienste dem König von Spanien an. Dieser stellte ihm fünf Schiffe zur Verfügung. Magellan hatte das Kommando über die *Trinidad*, die anderen Schiffe wurden von Spaniern befehligt. Voller Missachtung schauten sie auf den Portugiesen, der zum Generalkapitän der Flotte ernannt worden war.

Am 10. August 1519 segelten die Schiffe von Spanien ab und erreichten im Dezember

die Küste Brasiliens. Sie war der Ausgangspunkt für die lange Fahrt nach Süden. In jeder Bucht entlang der Küste suchten die Seefahrer nach einer Durchfahrt. Am 31. März 1520, als der Winter auf der Südhalbkugel begann, legten sie in der Bucht San Julián in Argentinien an. Dort schlug Magellan eine Meuterei nieder, die die spanischen Kapitäne angezettelt hatten. Sie hatten sich geweigert weiterzusegeln. Nachdem Magellan die Aufrührer an der fremden Küste ausgesetzt hatte, suchte er hartnäckig weiter. Eines seiner Schiffe sank, ein anderes flüchtete und nahm einen Teil der Nahrungsmittel mit. Doch Magellan ließ sich nicht entmutigen. Endlich fand er eine Meerenge mit vielen Seitenarmen und Riffen, durch die er am 28. November 1520 den Pazifischen Ozean erreichte. Nachdem sich die Besatzung

▲ Die Krankheiten, die auf den Schiffen der großen Entdeckungsreisen grassieren, werden sehr viel später Filmregisseure inspirieren. Hier ist eine Szene aus *Nosferatu – Eine Symphonie des Grauens* von Friedrich Wilhelm Murnau aus dem Jahr 1922 zu sehen. Ein Seemann ist an der Pest erkrankt.

einige Tage an der Küste Chiles erholt hatte, nahmen die Schiffe Kurs auf die Gewürzinseln. Doch leider war der Pazifische Ozean viel größer, als man gedacht hatte. Die drei Schiffe mussten die schlimmste Seereise überstehen, die man je erlebt hatte: drei Monate und zwanzig Tage ohne Land in Sicht. Die Rationen an Wasser und Lebensmitteln mussten immer weiter gekürzt werden. In der Not aß die Besatzung sogar Zwiebackkrümel, in denen es von Würmern wimmelte! Der Skorbut breitete sich aus, und viele Seeleute starben. Als schließlich im März 1521 eine Küste auftauchte, konnten sich die völlig erschöpften Männer nur noch an den Strand schleppen. Sie hatten die Marianen-Inseln in Ozeanien erreicht. Eine Woche später legten sie auf den Philippinen an. Hier ereignete sich das Unglück: Magellan kam bei einem Kampf mit Königen des Inselreichs ums Leben. Die kleine Flotte irrte nun ohne Kapitän zwischen den Inseln umher und verlor ein Schiff, bevor sie endlich am 6. November 1521 zur Molukkeninsel Tidore (Indonesien) kam. Hier beluden die Spanier eilig die Laderäume mit Gewürznelken, Gold und Elfenbein. Am 21. Dezember legte nur die *Victoria* unter dem Kommando des Kapitäns Sebastián del Cano wieder ab.

Die Heimkehr nach Europa war für die erschöpften Männer eine Tortur. Sie litten nicht nur unter Hunger und Skorbut, sondern hatten auch wilde Stürme zu überstehen. Schäden am Schiff mussten repariert werden. Außerdem drohte ihnen ständig ein Zusammentreffen mit den Portugiesen, die die spanische Konkurrenz auf ihren Handelsrouten nicht sehr schätzten! Mit 18 Überlebenden an Bord kehrte die *Victoria* am 6. September 1522, drei Jahre nach ihrer Abreise, nach Spanien zurück.

So endete die grandiose Weltumsegelung Ferdinand Magellans. Sie lieferte den Menschen den Beweis, dass die Erde eine Kugel ist – aber eine viel größere, als man geglaubt hatte! Spanien nutzte allerdings nicht die gefährliche Route, die der große Seefahrer gefunden hatte. Die Meerenge jedoch, die Magellan im Süden von Amerika entdeckt hatte, trägt bis heute seinen Namen.

▼ Der Italiener Antonio Pigafetta führte während der ganzen Reise Tagebuch. Durch ihn kennen wir heute die Details der Entdeckungsreisen und wissen vom schrecklichen Tod Magellans.

Heinrich,

ein malaiischer Sklave auf der *Trinidad*

▶ Die Portugiesen, die sich in Goa und Malakka niederlassen, werden schnell reich. Sie besitzen viele einheimische Sklaven, die für sie als Hausdiener oder Träger arbeiten müssen.

Lectuli quibus Vxores et Filiç Lusitanorum contecte gestantur.

Coetskens daer de Portugeesche Vrouwen en Dochters bedeckt in gedragen worden.

Heinrich mag Kapitän Magellan sehr gern. Und jetzt, Anfang April 1521, weiß er gar nicht, wie er ihm danken soll. Denn der Kapitän hat ein Wunder vollbracht: Er hat ihn von der anderen Seite der Welt nach Hause, nach Malaysia, zurückgebracht.

Heinrich war noch ein kleiner Junge, als ihn Kapitän Magellan vor zwölf Jahren auf dem Markt der Hafenstadt Malakka kaufte. Man hatte ihn auf der Insel Sumatra gefangen genommen und dann als Sklave gehandelt. Magellan, der seit mehreren Jahren auf den Inseln lebte, brauchte einen Diener. Da an jenem Tag das Namensfest des heiligen Heinrich gefeiert wurde, taufte er ihn Heinrich und behandelte ihn immer mit großer Fürsorge.

Heinrich hat den Kapitän lieb gewonnen. Er ist mit ihm nach Portugal gesegelt und war an allen Vorbereitungen für die große Reise beteiligt. Seit dem Tag ihrer Abreise schläft er auf dem Boden vor der Tür seiner Kajüte und würde niemanden ohne die Erlaubnis des Kapitäns hineinlassen. Nie hat er im Laufe dieser endlosen Überfahrt die

36

▲ Die Portugiesen im Fernen Osten haben ebenso wie die Spanier in Amerika den Auftrag, die Bevölkerung, die sie antreffen, zum Christentum zu bekehren – entweder friedlich oder mit Gewalt. Diese beiden Buchseiten stammen aus einem Katechismus (ein Lehrbuch für den christlichen Glaubensunterricht) für die Indianer in Amerika.

Hoffnung aufgegeben, auch nicht, als alle auf dem Pazifischen Ozean unter Hunger und Durst litten. Er hat immer fest daran geglaubt, dass Kapitän Magellan sie aus dieser schwierigen Lage herausbringen würde.

Als sie an diesem Morgen auf der Insel Massaoua an Land gehen, erkennt Heinrich seine Muttersprache. »Kapitän!«, ruft er. »Das sind Verwandte! Ich kann mit ihnen sprechen, und sie verstehen mich!« Heinrich weiß nicht, dass er der erste Mensch ist, der um die ganze Welt gereist ist: Von Malaysia aus mit Kurs nach Westen ist er in Europa angekommen. Von dort aus ist er einige Jahre spä-

ter erneut nach Westen gesegelt und schließlich wieder zu Hause in Malaysia angekommen.

Kapitän Magellan lächelt und bittet ihn zu übersetzen, was die Leute sagen. Heinrich gehorcht auf der Stelle. Nun ist er plötzlich eine wichtige Person! Die Seeleute und Kapitäne müssen ihm zuhören, damit sie verstehen, was vor sich geht. Als sie den König der Insel begrüßen, begleitet sie Heinrich. Er mag die Art und Weise, wie Kapitän Magellan sich den Eingeborenen gegenüber verhält. Ohne Gewalt und Überheblichkeit bietet er ihnen seine Freundschaft an und erklärt, er suche die Gewürzinseln.

Der König serviert ihnen ein Ragout mit Ingwer in Palmweinsoße. Es ist so köstlich, dass Heinrich Tränen in die Augen treten. Dann schlägt ihnen der König vor, sie mit nach Cebu zu nehmen. Dort braucht ein anderer König Unterstützung gegen seine Feinde. Auf der Insel Cebu erklärt sich Kapitän Magellan bereit, in der Schlacht mitzukämpfen. Er verlässt sich voll und ganz auf seine Kanonen, die die Eingeborenen so sehr beeindrucken.

Im Morgengrauen des 27. April 1521 sieht Heinrich die Soldaten ausrücken: Etwa 60 Spanier in Rüstung und mit Armbrüsten kämpfen gegen Hunderte Inder, die mit Bambusspeeren bewaffnet

sind. Vom Deck der *Trinidad* aus beobachtet Heinrich den Kampf. Plötzlich entdeckt er Kapitän Magellan, der von allen Seiten angegriffen wird. Ohne ihm helfen zu können, sieht er, wie er von Speeren durchbohrt wird und zu Boden stürzt. Er steht nicht mehr auf! Der Generalkapitän ist tot! Der König der feindlichen Insel will nicht einmal seine Leiche herausgeben, damit er nach christlicher Tradition beerdigt werden kann.

Heinrich versteckt sich in der Kajüte und weint. Doch er muss diesen Platz schnell verlassen, denn ein gewisser Barbosa hat das Kommando der *Trinidad* übernommen. Für Heinrich brechen schlechte Zeiten an: Nun, da Kapitän Magellan nicht mehr lebt, wird er dauernd misshandelt. Er zögert mehrere Tage, doch eines Nachts im Juni 1521 lässt er sich am Schiffsrumpf ins Wasser gleiten und schwimmt ganz leise zur Küste hinüber. Die Europäer hören nie wieder etwas von ihm.

▶ Die Seeleute gehen nicht immer freiwillig an Bord der Erkundungsschiffe. Um eine komplette Besatzung zusammenstellen zu können, müssen die Kapitäne auch Ganoven und Gefangene anheuern.

► Getrockneter und in Salz eingelegter Kabeljau aus Neufundland ist eine beliebte Ware, die den Hafenstädten am Nordatlantik Reichtum bringt.

Die nördlichen Länder

Was machten Frankreich und England in dieser Zeit? Auch diese beiden Länder besaßen schließlich Häfen am Meer! Um 1450 hatten sie gerade den Hundertjährigen Krieg gegeneinander beendet, der viel Geld verschlungen hatte. Später, zu Beginn des 16. Jahrhunderts, war der König von Frankreich mit Kriegen gegen Italien beschäftigt. England befand sich in Religionskämpfen.

Die Seeleute warteten jedoch nicht auf die Befehle der Könige: 1523 übergab der reiche französische Reeder Jean Ango vier seiner Schiffe dem Italiener Giovanni da Verrazzano.

Er erteilte ihm den Auftrag, nordwestlich von Amerika einen Seeweg nach China und Indien zu finden. Die Expedition startete von Le Havre, und am 7. März 1524 erreichte Verrazzano die Küste des heutigen South Carolina auf amerikanischem Boden. Um den Spaniern aus dem Weg zu gehen, die sich auf den Antillen und in Mexiko niedergelassen hatten, segelte er weiter nach Norden. Er blieb eine Weile in einer Bucht, in der später New York gegründet wurde. Schon damals erkannte er die unglaubliche Größe von Nordamerika, das kein Europäer bisher richtig erforscht hatte. Vor der Insel Neufundland in Kanada begegnete er zahlreichen bretonischen, normannischen und englischen Schiffen. Sie waren hierher gesegelt, um Kabeljau zu fischen. Im Jahr 1524 kannten die Fischer bereits seit über 30 Jahren die kanadischen Küsten. Manche der alten handgeschriebenen Bücher berichten sogar von Flotten, die schon um 1454 von Neufundland zurückgekehrt sein sollen.

Es waren also keine kostbaren Gewürze, die die Hafenstädte am Nordatlantik reich machten, sondern der Salzfisch. Außerdem wurde das rote Holz, das normannische Schiffe aus Brasilien mitbrachten, in Färbereien genutzt. Nicht zu vergessen sind auch einige Ladungen Gold, die die Nordeuropäer den Spaniern raubten.

König Franz I. von Frankreich wurde auf diese erfolgreichen Unternehmungen aufmerksam und erkannte, dass man durch die Seefahrten reich werden konnte. Er beauftragte einen Kapitän aus Saint-Malo, Jacques Cartier, bei Neufundland einen Seeweg nach Asien auf einer Nordost-Route zu finden. Die Südost-Route, die um die Südspitze Afrikas führte, kontrollierten ja bereits die Portugiesen. Und die machten Jagd auf jedes fremde Schiff. Am 9. Juni 1534 segelte Jacques Cartier in den breiten Golf des Sankt-Lorenz-Stroms hinein.

▼ Mit Hilfe einheimischer Führer erforscht Jacques Cartier das Land, das die Ureinwohner Kanada nennen. Er segelt einen riesigen Fluss hinauf, dem er den Namen Sankt-Lorenz-Strom gibt.

Er erforschte ihn genau, bevor er sich voller Hoffnung wieder auf den Rückweg nach Frankreich machte. Während seiner zweiten Entdeckungsreise im Jahr 1536 segelte er den Sankt-Lorenz-Strom hinauf bis zu einem Indianerdorf – dem heutigen Montreal. Eine Weiterfahrt war unmöglich, da der Strom an dieser Stelle zu einem riesigen, tosenden Wasserfall wird. Cartier musste umkehren. Er hatte zwar den Seeweg ins Land des Goldes und der Gewürze nicht gefunden, doch war er der erste Europäer gewesen, der Kanada erforscht hatte.

Auch die Engländer waren auf der Suche nach ertragreichen Seeunternehmungen. Ab dem Jahr 1558 spornte Königin Elisabeth I. ihre mutigen Seefahrer an, die Seeräuber und Entdecker zugleich waren: 1572 umsegelte Sir Francis Drake auf den Spuren Magellans die Welt und brachte große Beute mit nach London. Schließlich erforschte Sir Walter Raleigh ein Gebiet in Nordamerika, das er Virginia nannte. Hier gründete er 1584 die erste englische Kolonie.

Zu dieser Zeit kaperten die englischen Schiffe spanische Galeonen (große spanische und portugiesische Kriegs- und Handelsschiffe), die kostbare Fracht geladen hatten. Im Jahr 1600 umsegelten sie das Kap der Guten Hoffnung und waren fest entschlossen, die Alleinherrschaft der Portugiesen in Asien zu brechen. Von nun an waren sie überall und wurden bald die Herrscher der Meere.

◄ Das ist der Kompass von Sir Francis Drake. Der berühmte Seefahrer, Entdecker, Pirat und Seeräuber liebte Seekarten und Navigationsinstrumente ebenso sehr wie Gold- und Silberschätze.

Essomericq

kommt in Frankreich an

Essomericq ist sehr aufgeregt. Er ist 15 Jahre alt und verlässt zum ersten Mal sein Heimatland. Sein Vater, König Arosca, hat ihn für zwei Jahre den Fremden anvertraut, die ihn von Brasilien ins weit entfernte Frankreich mitnehmen wollen.

Diese weißhäutigen Männer sind mit einem großen Schiff angekommen, das *Espoir* heißt. Mit ihren Rüstungen und Handfeuerwaffen haben sie Essomericqs Stamm tief beeindruckt. Sie haben Spiegel und Glasperlen als Geschenke mitgebracht, und ihr Anführer, Kapitän Paulmier de Gonneville, ist Aroscas Freund geworden. Im Tausch hat ihm der König bunte Federn und rotes Holz überreicht.

Die lange Reise über das Meer ist eine schreckliche Bewährungsprobe für Essomericq. Endlich läuft die *Espoir* am 20. Mai 1505 in den Hafen von Honfleur in Frankreich ein, von wo sie zwei Jahre zuvor losgesegelt war. Der junge Indianer entdeckt völlig überrascht die Kais, die in gerader Linie stehenden Häuser und die Menschen, die ihn staunend betrachten. Zum ersten Mal sehen die Normannen einen Bewohner der Neuen Welt! Die Jahre vergehen, und Paulmier de Gonneville bekommt kein

Geld für eine weitere Expedition. Essomericq wird Brasilien nie wieder sehen. Er verbringt sein Leben in der Normandie bei der Familie des Kapitäns, der ihm einen Teil seines Besitzes vererben und eine Frau für ihn finden wird.

▶ Um sich leichter mit den Ureinwohnern anzufreunden, schenken ihnen die Europäer wertloses Zeug: Glöckchen, Glasperlen und Stoffe zum Beispiel.

41

▲ Die Spanier träumen von Eldorado, dem Land, in dem alles aus Gold ist. Um es zu finden, unternehmen sie viele Entdeckungsreisen, bei denen sie auch den südamerikanischen Kontinent erforschen.

Der Reichtum der Neuen Welt

Die Europäer wurden durch die Ausbeutung der Neuen Welt reich. Wenn im Hafen von Sevilla eine aus Amerika kommende Schiffsflotte einlief, war das eine große Attraktion. Alle Leute eilten hin, um beim Entladen zuzusehen. Am 22. März 1595 transportierte man 322 Karren voll Silber, Gold und Perlen in die Casa de Contratación (das war die Behörde, die den Handel zwischen Spanien und seinen Kolonien verwaltete). Als die letzten Schiffe der Flotte endlich entladen waren, hatte sich der Schatz sogar verdoppelt! Zwischen 1590 und 1600 nahm Spanien über 2,7 Tonnen Edelmetall pro Jahr ein. Diesen Reichtum, der seit 1530 immer größer wurde, verwendete es zur Aufstellung von Truppen. Es führte nämlich Krieg in Europa, um seine Macht zu verteidigen.

Die Hafenstadt Sevilla war das Schaufenster der Neuen Welt. Es war ein Ort, wo man alle Neuheiten aus der Fremde bestaunen konnte: seltsame Affen, bunte Papageien, unbekannte

Nahrungsmittel, Pflanzen, die man zum Färben oder als Heilmittel nutzte. In Sevilla veröffentlichte der Arzt Nicolás Monardes eine Schrift, in der er über die Heilwirkung der Pflanzen und Früchte berichtete, die man aus Westindien mitgebracht hatte. Seine Schrift wurde schon bald von vielen Menschen gelesen. Durch sie lernte Europa den Mais kennen, die Ananas, den Chili, die Erdnuss, die Bohne und die Tomate, die man seit 1560 aß und wegen ihrer ursprünglich gelben Farbe Goldapfel nannte. Um 1600 wurde der Kakao, damals Schokolade genannt, ein sehr beliebtes Getränk. Die mexikanischen Azteken tranken ihn scharf gewürzt, und erst die Spanier kamen auf die Idee, ihn mit Zucker zu süßen. Der Tabak galt zu dieser Zeit als Heilmittel gegen Migräne, Zahnschmerzen und sogar gegen Asthma! Seinen Rauch verwendete man auch bei Pestepidemien, um die Ansteckung zu vermeiden.

Zu dieser Zeit lernten die Europäer auch die Waren aus dem Fernen Osten kennen: zum Beispiel den Rhabarber, ein hervorragendes Abführmittel, oder auch die Aloe, die gegen Husten hilft. Die Ärzte rühmten auch die zahlreichen guten Eigenschaften der Gewürze. Die Gewürznelke zum Beispiel lindert Schmerzen. Die Schiffe, die aus Asien zurückkehrten, brachten auch Ladungen mit kostbarem chinesischen Porzellan mit. Es war sehr elegant und schmückte die europäischen Schlösser.

1570 wurden 2700 Tonnen Zucker von den Antillen nach Spanien transportiert. Die Menge wuchs von Jahr zu Jahr. Das Zuckerrohr, das ursprünglich aus Asien stammte, wurde seit dem 10. Jahrhundert von den Arabern angebaut. Um 1400 brachte man es nach Spanien. Da die Pflanzen jedoch im heißen Klima der

▲ In den europäischen Häfen ziehen exotische Waren, zum Beispiel indische Hühner, Porzellan und Gewürze, die Neugierigen an.

Antillen besser gediehen, nahm Christoph Kolumbus sie 1493 dorthin mit. Sehr bald benötigten die Plantagen, die er angelegt hatte, viele Arbeiter. Die aussterbenden Indianer wurden durch Tausende schwarzer Sklaven ersetzt, die man aus Afrika herbeischiffte.

Wenn man an die großen Entdeckungsreisen denkt, muss man auch an die schrecklichen Qualen erinnern, die den indianischen und afrikanischen Völkern zugefügt worden sind. Die Entdeckungsreisen hatten die Sklaverei ermöglicht, die es in den spanischen Kolonien bis 1871 gab. Europa wurde nämlich im 16. Jahrhundert nur deshalb reich, weil es die anderen Kontinente ausbeutete.

▼ Voller Erstaunen beobachten die Spanier, wie die Indianer genussvoll den Rauch von zusammengerollten, getrockneten Blättern einatmen. Es ist Tabak, dessen Name vom indianischen Wort *tobaco* abstammt.

Nicolette

und die Hühner aus Indien

In ihrem schönsten Kleid wartet Nicolette gespannt auf die Königin von Navarra. Sie wird heute dem Hühnerhof einen Besuch abstatten. Vor einigen Monaten, im Frühling 1534, hatte die Königin Nicolettes Eltern ein Paar unbekannte Hühnervögel liefern lassen. Sie hatte ihnen befohlen, mit den Tieren eine Zucht aufzubauen. Die sogenannten indischen Hühner stammen ursprünglich aus Westindien. Der Eroberer Hernán Cortés hatte sie in Mexiko eingefangen, um sie nach Europa zu bringen. Nicolette erinnert sich noch gut an den Augenblick, als sie den Korb öffnete: Sie fand die Hühner merkwürdig mit ihrem kleinen Kopf und ihrem Schrei, der mit einem Kikeriki so gar nichts zu tun hat. Sie setzte sie in den Hühnerstall des Bauernhofs, und schon am nächsten Tag legte die Henne ein großes Ei, dann noch eins. Und im Mai schlüpften die Küken!

Nicolette füttert die Tiere mit Mais, man nennt ihn das indische Korn. Mais wird seit 1523 in Frankreich angebaut. Ein Samenkorn dieser sehr

▲ Gegen Ende des 16. Jahrhunderts steht zu Weihnachten meist eine Pute auf dem Tisch. Vorher war die Gans das traditionelle Weihnachtsessen.

ertragreichen Pflanze ergibt 150 Körner, also zehn Mal mehr als der Weizen. Und das Federvieh ist ganz verrückt danach!

Durch den Mais werden Nicolettes Puten zu Weihnachten schon so groß sein, dass man sie essen kann. Die Königin von Navarra will einige ihrem Bruder, König Franz I., schicken.

45

BILDNACHWEIS

S. 8: Die portugiesische Flotte auf der Fahrt nach Indien, New York, Pierpont Morgan Library, Foto © akg-images; S. 10: Weltkarte von Pierre Descaliers, 1550, London, British Library, Foto © akg-images; S. 11: Eine Galeere (cod. Marc. It. IV, 50 (=5544), f. 96r), Venedig, Foto © Markusbibliothek; S. 12: Der Krieg der Venezianer gegen die Osmanen, Paris, Foto © BNF; S. 13: Schiffsbau im Arsenal von Venedig, Venedig, Museo Civico Correr, Foto © akg-images/Erich Lessing; S. 14: Portolane von Luis Lazzaro, Lissabon, Akademie der Wissenschaften © DR; S. 15: Heinrich der Seefahrer, Paris, Foto © BNF; S. 16: Sie lebt an einem Fluss in Abessinien, Foto © akg-images; S. 16: Padrao, Gesellschaft für Geografie Lissabon © DR; S. 17: Globus des deutschen Geografen Martin Behaim, Paris, Bibliothèque Nationale de France, Foto © akg-images; S. 18: Geograf und Kartograf, London, British Library, Foto © akg-images/British Library; S. 19: Atlantikkarte von Pedro Reinel, München, Bayerische Staatsbibliothek, Foto © akg-images; S. 20: Beladung einer Karavelle, Germanisches Nationalmuseum Nürnberg Foto © DR; S. 21: Kolumbus' Ankunft in Amerika, Foto © akg-images; S. 22: Indianische Kannibalen, Foto Sammlung Bibliothèque Nationale et Universitaire de Strasbourg; S. 23: Kolumbus' Empfang am spanischen Hof in Barcelona bei seiner Rückkehr, Paris, Musée du Louvre, Foto © akg-images/Erich Lessing; S. 24: Brief an Christoph Kolumbus, Marineadmiral, Vizekönig und Gouverneur, Foto Sammlung Kharbine-Tapabor; S. 25: Indianer in einer Goldmine, Foto © akg-images; S. 26: Vasco da Gama, New York, Pierpont Morgan Library, Foto © akg-images; S. 27: Die Stadt Calicut, Paris, Bibliothèque Nationale de France, Foto © akg-images; S. 28: Vasco da Gama in Calicut, Foto © akg-images; S. 29: Ein Sturm, Paris, Foto © BNF; S. 30: Ein Kalfaterer (MS. Douce 353, fol. 31r), Foto © The Bodleian Library, University of Oxford; S. 31: Affe, Madrid, Escorial, Foto © akg-images/Joseph Martin; S. 32: Weltkarte, Foto © Bridgeman-Giraudon; S. 33: Nosferatu, Foto © akg-images; S. 34: Magellans Tod auf den Philippinen, Foto Sammlung Kharbine-Tapabor; S. 35: Portugiesin in einer Sänfte, Paris, Bibliothèque Nationale, Foto © akg-images; S. 36: Ein Katechismus in Bildern, Paris, Foto © BNF; S. 37: Matrosen, Paris, Foto © BNF; S. 38: Gesalzener Fisch, Paris, Foto © BNF; S. 39: Jacques Cartier erforscht den Sankt-Lorenz-Strom, Foto © Bridgeman Giraudon; S. 40: Navigationsinstrument von Francis Drake, London, National Maritime Museum, Foto © akg-images; S. 41: Ein junger Indianer, Foto © Service Historique de la Marine; S. 42: Goldschmuck der Inka, Foto © Danièle Alexandre-Bidon; S. 43: Die portugiesische Flotte auf der Fahrt nach Indien, Berlin, Sammlung Archiv für Kunst und Geschichte, Foto © akg-images; S. 44: Tabakkultur der Indianer, Paris, Bibliothèque Nationale, Foto © akg-images; S. 45: Der Hühnerhof, Foto © akg-images.

Bibliografische Information Der Deutschen Bibliothek
Die Deutsche Bibliothek verzeichnet diese Publikation in der Deutschen Nationalbibliografie;
detaillierte bibliografische Daten sind im Internet über http://dnb.ddb.de abrufbar.

Titel der Originalausgabe: *La vie des enfants – au temps des grandes découvertes*
Erschienen bei Éditions du Sorbier, Paris 2005
Ein Unternehmen der La Martinière Groupe
Copyright © 2005 Éditions de La Martinière SA, Frankreich

Deutsche Erstausgabe
Copyright © 2005 von dem Knesebeck GmbH & Co. Verlags KG, München
Ein Unternehmen der La Martinière Groupe

Layout: Isabelle Southgate und Fabian Arnet
Überzugkonzept: Fabian Arnet
Umschlagabbildung: Kolumbus' Ankunft in Amerika, Foto © akg-images
Satz: satz & repro Grieb, München
Druck: Proost, Turnhout
Printed in Belgium

ISBN-13: 978-3-89660-322-7
ISBN-10: 3-89660-322-1

www.knesebeck-verlag.de